AF448438

Évaluation des Résultats de l'Expérimentation de l'Enseignement Intégré des Compétences de Vie Courante à l'École Primaire en RDC

Dr Mountaga LAM,

Professeur à l'Université des Lettres et des

Sciences Humaines de Bamako (ULSHB),

Département des Sciences de l'Education

CIP a Camerei Naționale a Cărții

Lam, Mountaga.
Évaluation des Résultats de l'Expérimentation de l'Enseignement Intégré des Compétences de Vie Courante à l'École Primaire en RDC / Mountaga Lam. – Chişinău : Generis Publishing, 2020 (Print on demand). – 50 p. : fig., tab.
Rez.: lb. engl., fr. – Referinţe bibliogr.: p. 49-50 şi în subsol.

ISBN 978-9975-154-67-3.

373.3.091(672.4)

L 18

Cover image: www.pixabay.com

Publisher: Generis Publishing
Online orders: www.generis-publishing.com
Orders by email: info@generis-publishing.com

Résumé

Dans la plupart des pays africains, l'enseignement des compétences de vie courante dans les écoles de l'enseignement primaire apparait comme une innovation pédagogique. Cet enseignement a été longtemps négligé par les décideurs en matière de politiques éducatives au profit des disciplines fondamentales comme les langues et les mathématiques alors qu'un simple bon sens permet de savoir que la maitrise des compétences de vie courante est aussi importante que celle des autres disciplines d'enseignement. C'est fort de ce constat qu'en 2015, la République Démocratique du Congo a développé et mis en expérimentation un projet d'enseignement intégré des compétences de vie courante dans certaines écoles de l'enseignement primaire.

La présente étude se propose d'évaluer les résultats obtenus par cette expérimentation. La méthodologie de l'évaluation a essentiellement consisté à observer l'exécution de leçons en compétences de vie courante par les maitres des classes expérimentales et à administrer aux élèves un pré-test et un post-test en compétences de vie courante. Les résultats de l'étude montrent que l'expérimentation de l'enseignement des compétences de vie courante, en RépubliqueDémocratique du Congo, a eu des effets positifs sur la performance des enseignants et sur les acquisitions des élèves.

Mots clés : Evaluation, Expérimentation, Enseignement intégré, Compétences, Vie courante, Pré-test, Post-test, Item.

Abstract

In most African countries, the teaching of life skills in primary schools appears as an educational innovation. This teaching has long been neglected by policy makers in education in favor of basic disciplines such as languages and mathematics while a simple common sense would help to know that the mastery of life skills is as important as that of other teaching disciplines. It is for this reason that, in 2015, the Democratic Republic of Congo has developed an experimental project on integrated teaching of life skills in some schools of primary education.

This study aims to assess the results of this experiment. The evaluation methodology consisted mainly to observe the implementation of lessons in life skills by the teachers of experimental classes and to administer to students a pre-test and post-test in life skills. The results of the study showed that the experimental teaching of life skills in Democratic Republic of Congo has had positive effects on teachers' performance and on the achievement of students.

Keywords: Evaluation, Testing, Integrated Education, Skills, Life skills, pre- test, post- test, Item.

Table des Matières

Sigles et Abréviations

BAD : Banque Africaine de Développement

BM : Banque Mondiale

CIDE : Consortium International de Développement de l'Education

CSP : Cycle Spécialisation Professionnelle

CVC : Compétences de vie courante

DIPROMAD : Direction des Programmes et du Matériel Didactique

DSCRP : Document de Stratégie de Croissance et de Réduction de la Pauvreté

EPSP : Enseignement Primaire Secondaire et Professionnel

FMI : Fonds Monétaire International

IDA : International Development Association / Association internationale Pour le Développement

INS : Institut National de la Statistique

MAS : Ministère des Affaires Sociales

MEPSP : Ministère de l'Enseignement Primaire, Secondaire et Professionnel

MESU : Ministère de l'Enseignement Supérieur et Universitaire

ONU : Organisation des Nations Unies

PIB : Produit Intérieur Brut

PIE : Plan intérimaire de l'Education

PNMLS : Programme National Multisectoriel de Lutte contre le Sida

PPTE : Pays Pauvres Très Endettés

PROVED : Province Educationnelle

RDC : République Démocratique du Congo

UE: Union Européenne

UNDP: United Nations Development Program

UNESCO: United Nations Education, Sciences and Culture Organization

UNICEF: United Nations Funds For Children

I. Introduction

Selon le document de stratégie de développement de l'enseignement primaire, secondaire et professionnel en République Démocratique du Congo (2010/2011-2015/16) élaboré en 2008-2009 par le Ministère de tutelle, le système éducatif congolais est marqué par de profondes disparités liées au genre et par d'énormes disparités provinciales.[1] Toutefois, les problèmes que rencontre le système éducatif congolais ne se posent pas seulement en termes de disparités dans l'accès mais aussi en termes de qualité et d'efficacité des apprentissages. Les indicateurs relatifs à la maitrise des compétences de vie courante (CVC) par les élèves de l'école primaire ne sont pas encourageants. De nombreux défis restent à relever dans le domaine des compétences de vie courante. En effet, en 2015, le rapport sur les résultats de l'enquête démographique et de santé (EDS-RDC II 2013-2014), révèlent de nombreux défis à relever en matière de maitrise des Compétences en Vie Courante (CVC) en RDC[2] . Les élèves rencontrent de nombreuses dificultés dans le domaine des compétences de la vie courante.

C'est pour résoudre ces problèmes que rencontre le système éducatif congolais que le Gouvernement en partenariat avec ses partenaires techniques et financiers, notamment l'UNICEF et le Consortium International de Développement de l'Education (CIDE, Montréal, Québec, Canada) ont initié le projet d'intégration des compétences de vie courante (CVC) au niveau des programmes de l'enseignement primaire. Suite à plusieurs ateliers interministériels de validation, 6 thématiques principales en compétences de vie courante ont été arrêtées par les autorités nationales et les partenaires techniques et financiers. Il s'agit des thématiques suivantes :

---

[1] Stratégie de développement de l'enseignement primaire, secondaire et professionnel en République Démocratique du Congo (2010/2011-2015/16)

[2] République Démocratique du Congo, Enquête Démographique et de Santé 2013-2014, Rapport Préliminaire, Measure DHS, ICF International, Rockville, Maryland, USA

Au cours de ces travaux techniques en ateliers, ces 6 thématiques ont été déclinées en 17 référentiels de compétences qui ont été validés et intégrés dans les programmes de l'enseignement primaire. La phase de conception et d'expérimentation de l'enseignement intégré des compétences de vie courante dans les programmes de l'enseignement primaire en RDC dont la présente étude se propose d'évaluer s'est déroulée du mois d'Aout 2014 au mois de Juin 2015.

Présentation Générale de la RDC

Situation socio-économique et politique

Depuis la fin des années 70, l'économie de la RDC connaît une crise multiforme qui s'est amplifiée au début des années 90 avec l'instabilité politique du pays. Par exemple, entre 1990 et 2000, le PIB a enregistré une baisse cumulée de plus de 43%. Cette situation a entraîné une baisse de près de 60% du revenu national moyen par tête. Malgré les importantes ressources naturelles dont dispose le pays, l'incidence de la pauvreté reste énorme, comme l'indiquent les analyses effectuées dans le cadre du Document de Stratégie de Croissance et de Réduction de la Pauvreté (DSCRP) publié en 2006 et dans d'autres travaux recourant notamment aux données de l'enquête 1-2-3 de 2004-2005 (Banque Mondiale, 2006 ; Moummi, 2010) : l'incidence de la pauvreté (proportion de personnes en dessous du seuil de pauvreté) en 2005 est estimée à 69,2 % au niveau national, et est plus forte en milieu rural (71,7 %) qu'en milieu urbain (58,3 %) (Moummi, 2010, p. 12).

La RDC se classe ainsi parmi les pays les plus pauvres du monde avec un PIB par tête d'environ 120 dollars USD, soit six fois inférieur à la moyenne africaine (RDC, 2009). Cette situation est aggravée par le poids de la dette extérieure, qui en dépit de l'assistance obtenue dans le cadre de l'initiative PPTE, reste un fardeau pour les finances publiques ainsi que pour la balance des paiements. Par exemple, en 2007, l'encours de la dette extérieure était évalué à plus de 10 millions de dollars USD et son service représentait 6,9 % des exportations et 12,9 % des recettes fiscales, soit 480 millions de dollars USD. Au cours de la période 2002-08, la croissance et l'inflation ont augmenté respectivement de 6 % et de 15,9 % par an (RDC, 2010). Toutefois, la reprise de la coopération avec l'appui des partenaires extérieures (FMI, BM, UE, BAD) et les efforts mis en oeuvre par le gouvernement en vue d'instaurer la démocratie et la paix dans le pays, ont permis une reprise de l'économie. Mais, bien qu'importants, les résultats restent insuffisants et précaires au regard des défis énormes qui se posent et en raison des potentialités en ressources nationales dont dispose la RDC.

La situation économique du pays a, de toute évidence, des effets négatifs sur le développement du système éducatif en général. Cela a entraîné notamment la stagnation, voire l'amenuisement des ressources allouées à l'éducation pourtant indispensables pour la mise en oeuvre des objectifs stratégiques pour le développement du secteur éducatif de la RDC. On peut toutefois noter un signe positif en termes de mobilisation de ressources qui devrait profiter aux secteurs sociaux, notamment l'éducation : en effet, les progrès économiques récents (croissance du PIB de plus de 7 % en 2010 et du taux d'inflation en dessous des 10 %), et l'atteinte du point d'achèvement de l'initiative en faveur des pays pauvres très endettés (PPTE) ont eu pour résultat un allègement de la dette du pays de 12,3 milliards de dollars par les conseils d'administration du FMI et de l'Association internationale de développement (IDA) de la Banque mondiale à la mi-20101.

Contexte démographique

a) *Les sources de données sur la population*

Les sources de données classiques sur la population sont les recensements généraux de la population, les enquêtes socio-démographiques et l'état civil. Le recensement général de la population est une source exhaustive d'information sur la population, permettant de produire des indicateurs socio-démographiques et économiques à des niveaux géographiques très fins. Toutefois, contrairement à plusieurs pays africains qui comptent de nos jours plusieurs recensements généraux de la population, la RDC n'en a réalisé qu'un seul datant de 1984. Les résultats de projections utilisés dans la planification des besoins sociaux, notamment celles des Nations Unies et de l'Institut National de la Statistique (INS) partent des données du recensement de 1984. Bien que très utiles, elles sont aussi sujettes à caution dans la mesure où toute projection est basée sur des hypothèses qu'il faut d'ailleurs réviser périodiquement à la lueur des résultats des enquêtes démographiques.

L'état civil n'est pas non plus de nos jours une source de données fiable, contrairement à la période coloniale.

A cette époque, l'état civil et le registre de population fonctionnaient assez bien et étaient mis à jour (Ngondo, 2001 ; Metela, 2010). Comme dans beaucoup de pays africains, l'état civil reste peu développé et sa couverture se limite essentiellement au milieu urbain : Cf. dossier spécial sur la RDC dans Afrique magazine (AM) de juillet 2011 (p. 90-91).

Ce sont surtout les enquêtes auprès des ménages qui fournissent régulièrement des données sur la population. On peut citer, entre autres, les enquêtes MICS (1995, 2001 et 2010), l'EDS (2007) et l'enquête 12-3 (2004-2005). Toutefois, ces sources d'informations ne permettent pas souvent de calculer des indicateurs au niveau des petites entités administratives, afin de mettre en évidence leurs spécificités. En revanche, diverses enquêtes sociodémographiques très localisées (monographies) sont réalisées, mais leur portée étant limitée, elles ne peuvent être généralisées à l'ensemble du pays.

Enfin, la diversité des sources de données sur la population explique la multiplicité et la discordance des indicateurs socio-démographiques se référant à une même période.

b) Caractéristiques de la population congolaise

Le manque de données de recensement récent, rend difficile l'estimation de la population congolaise. Aussi, l'estimation de la population varie selon les sources entre 64 et 68 millions d'habitants pour les années 2009 et 2010 : 67 millions d'habitants en 2009 selon le Programme National Multisectoriel de Lutte contre le Sida de la RDC (PNMLS, 2009) ; 64,420 millions d'habitants en 2010 d'après le Ministère de la Santé Publique et 67,827 millions d'habitants en 2010 d'après OIM-RDC. La population serait passée de 13,5 millions en 1958 à 30,7 millions d'habitants en 1984. En 2007, l'Institut National de la Statistique (INS) cité par EDS-RDC de 2007 l'estimait à 65,8 millions d'habitants, avec près de 8 millions dans la seule ville de Kinshasa, la capitale du pays. Quant au taux d'accroissement naturel de la population, il est estimé à 3,5 % pour la période 2005-2010 (UNDP, 2009).

Si l'on s'en tient à l'hypothèse moyenne des projections des Nations Unies, qui est l'une des sources les plus utilisées, la population congolaise est estimée à 69 781 411 d'habitants en 2012 avec un taux d'accroissement annuel de la population de 2,7 % entre 2009 et 2010. Cette forte dynamique démographique si elle restait constante, entraînerait un doublement de la population congolaise tous les 26 ans.

Le système éducatif congolais : politique et stratégies éducatives

a) Structuration actuelle du système éducatif

En RDC, le système éducatif est administré par trois ministères : le Ministère de l'Enseignement Primaire, Secondaire et Professionnel (EPSP), le Ministère de l'Enseignement Supérieur et Universitaire (ESU) et le Ministère des Affaires Sociales (MAS). Toutefois, d'autres ministères tels que les ministères de la Recherche scientifique, de l'emploi et de prévoyance sociale, de la santé et de la jeunesse et des sports sont également impliqués dans le système éducatif à travers certaines activités.

Au niveau central chaque Ministère est géré par un ministre nommé par le Président de la République et au niveau provincial, par un Ministre provincial nommé par le Gouverneur. L'ensemble des services administratifs et pédagogiques est sous la direction d'un Secrétariat Général (SG) qui exécute la politique du Gouvernement en matière d'éducation (Banque Mondiale, 2005).

Le Ministère de l'EPSP est divisé en 30 provinces éducationnelles. Le ministère est représenté dans les provinces par des divisions provinciales (PROVED) et sous-provinciales (Sous-PROVED). Au niveau provincial, le Ministre de l'EPSP est donc représenté par le chef de division provinciale qui est lui aussi représenté par les chefs de sous-division au niveau sous-provincial. L'EPSP comporte trois niveaux d'enseignement : pré-primaire (CITE 02), primaire (CITE 1) et secondaire (CITE 2 et 3). Le pré-primaire, organisé en un cycle de trois ans, est facultatif. Il est géré en grande partie par le secteur privé et accueille les enfants âgés de 3 à 5 ans. Le niveau d'enseignement primaire dure 6 ans et concerne les enfants âgés de 6 à 11 ans. Le niveau d'enseignement secondaire comprend 4 cycles : (i) le cycle long (humanités) d'une durée de 6 ans qui donne accès aux études supérieures et universitaires, est subdivisé en deux sous-cycles, un premier cycle de 2 ans pour les enfants de

12-13 ans (CITE 2) et le second cycle concerne les enfants de 14-17 ans (CITE 3); (ii) le Cycle Spécialisation Professionnelle (CSP) qui dure 1 ou 2 ans ; (iii) le Cycle des Arts et Métiers d'une durée de 1 à 3 ans et (iv) le Cycle Professionnel d'une durée de 4 à 5 ans (RDC, 2010).

Des détails peuvent être obtenus sur la correspondance des Cycles en RDC avec la classification internationale type de l'éducation sur le site de l'UIS : http://www.uis.unesco.org/Education/ISCEDMappings/Pages/defaultFR.aspx?SP SLanguage=FR.

L'enseignement supérieur comporte un premier cycle de trois ans (CITE 5) et un second de deux à trois ans selon les filières (CITE 6). Trois types d'enseignement supérieur sont offerts : l'enseignement supérieur universitaire, l'enseignement supérieur pédagogique et l'enseignement supérieur technique.

Le Ministère des Affaires Sociales (MAS) est chargé de l'éducation non-formelle, notamment le rattrapage scolaire, l'alphabétisation des jeunes et des adultes, l'apprentissage professionnel et l'éducation permanente des adultes.

D'autres acteurs, notamment les parents, interviennent également dans le système éducatif congolais. En effet, les parents constituent un des acteurs majeurs de l'administration du système scolaire congolais. Ils sont représentés par des comités de parents dans les écoles et les coordinations. Ces associations ont pour rôle d'inciter les parents à scolariser leurs enfants et à coopérer à la gestion des écoles.Sur le plan organisationnel, on dénombre quatre catégories d'écoles en RDC : (i) Les écoles directement sous le contrôle de l'État; (ii) Les écoles des réseaux, généralement confessionnels, en convention avec l'État, dites conventionnées; (iii) les écoles privées agréées par l'État; et (iv) les écoles privées non agréées par l'État.

Les deux premiers types d'écoles sont qualifiés d'écoles publiques et les autres d'écoles privées (RDC, 2010).

b) Politique actuelle

Une stratégie pour le développement du sous-secteur de l'enseignement primaire, secondaire et professionnel a été adoptée par le Gouvernement en mars 2010. Dans l'attente de la finalisation de la stratégie globale du secteur de l'éducation, le MEPSP a élaboré un Plan intérimaire de l'Education (PIE) pour la période 2012-2014. Celui-ci a pour objectifs :
- l'accroissement de l'accès et de l'accessibilité à l'enseignement primaire ;
- l'amélioration de la qualité de l'enseignement et des apprentissages scolaires ;
- le renforcement de la gouvernance.
Pour atteindre ces objectifs, le PIE est structuré en dix (10) programmes dont :
- trois (3) programmes visant l'accroissement et l'amélioration de l'offre et de la demande d'éducation (faciliter l'accès au préscolaire, alléger la charge financière des ménages par la prise en charge des frais scolaires par l'Etat, construire et réhabiliter les établissements scolaires) ;
- quatre (4) visent l'amélioration de la qualité des apprentissages et de la pertinence de l'enseignement (à travers, entre autres, la refondation de la formation initiale et continue des enseignants, la dotation des écoles en supports et matériels pédagogiques…) ;
- trois (3) programmes visent le renforcement des capacités et acteurs du système éducatif.

Présentation du Programme de l'Enseignement Primaire en RDC

Le nouveau programme de l'enseignement primaire en RDC, élaboré en Avril 2011, se définit comme un ensemble de dispositifs comprenant des finalités, buts et objectifs de la formation ainsi qu'un programme de formation, un emploi de temps/calendrier scolaire, des ressources éducatives, des méthodes pédagogiques et des modes d'évaluation. En d'autres termes, le programme de l'enseignement primaire en RDC est un plan d'action pédagogique suffisamment large pour prendre en considération les multiples aspects de l'action éducative à mettre en œuvre. L'objectif est d'aider chaque apprenant à réussir l'acquisition de savoirs, de savoir-faire et de savoir-être, lui permettant d'agir efficacement dans diverses situations à l'école et hors de l'école.

Une des caractéristiques du programme de l'Enseignement primaire élaboré en 2011 en RDC est l'approche par objectifs pédagogiques opérationnels (OPO) et se trouve enrichi par la mise de l'élève en situations de résolution de problèmes.

Dans le programme de l'enseignement primaire de la RDC, les objectifs pédagogiques généraux sont déclinés en objectifs pédagogiques spécifiques opérationnels et en contenus d'apprentissage. L'apprentissage s'effectue selon un processus à la fois cognitif, affectif (social) et psychomoteur.

Le programme de formation proprement dit de l'Enseignement primaire est un ensemble structuré autour de cinq domaines de formation. Pour chaque domaine, on décrit les compétences à développer, les objectifs d'apprentissage, les contenus d'apprentissage et en plus on propose des activités d'apprentissage et des activités d'évaluation.

Les Degrés d'enseignement et les Domaines de formation

En RDC, l'enseignement primaire comprend trois degrés :

- le degré élémentaire qui couvre la 1ère et 2ème année de l'enseignement ;
- le degré moyen couvre la 3ème et 4ème année;
- le degré terminal couvre la 5ème et 6^{ème}année.

Les Profils de sortie pour chaque degré d'enseignement sont mentionnés dans le programme de l'enseignement primaire d'avril 2011 qui est structuré autour de cinq domaines de formation. Ces domaines de formation constituent des champs d'expérience et de connaissances permettant aux apprenants de comprendre le monde et d'agir dans le sens de sa transformation qualitative.

Les cinq domaines de formation comprenant chacun des disciplines ou branches d'enseignement bien définis sont les suivants :

1) Le domaine des Langues;
2) Le domaine des Mathématiques, Sciences et Technologie ;
3) Le domaine de l'Univers Social et Environnement ;
4) Le domaine des Arts ;
5) Le domaine du Développement Personnel

Tableau 1 : Domaines et Disciplines d'Enseignement du degré élémentaire (1ère et 2ème années de l'école primaire)

N°	Domaines	Disciplines	Nombre de Disciplines
1	Langues	-Langues congolaises -Français	2
2	Mathématiques, Sciences et Technologies	-Mathématiques -Sciences d'éveil -Technologie	3
3	Univers Social et Environnement	-Education Civique et Morale -Education pour la Santé et l'Environnement	2
4	Arts	-Education Artistique	1
5	Développement Personnel	-Education Physique et Sports -Initiation au Travail Manuel -Religion	3
TOTAL			11

Le degré élémentaire comprend 11 disciplines d'enseignement.

Tableau 2 : Domaines et Disciplines d'Enseignement du degré moyen (3ème et 4ème années) et du degré terminal (5ème, et 6ème année) de l'école primaire.

N°	Domaines	Disciplines	Nombre de Disciplines
1	Langues	-Langues congolaises -Français	2
2	Mathématiques, Sciences et Technologies	-Mathématiques -Sciences d'éveil -Technologie	3
3	Univers Social et Environnement	-Géographie -Histoire -Education Civique et Morale -Education pour la Santé et l'Environnement	4
4	Arts	-Education Artistique	1
5	Développement Personnel	-Education Physique et Sports -Initiation au Travail Manuel -Religion	3
TOTAL			13

Le degré moyen et terminal comprennent chacun 13 disciplines d'enseignement.

Pour chaque discipline d'enseignement, le programme de chaque classe est divisé en objectifs intermédiaires, en exemples de situations d'apprentissage, en suggestions de thèmes pour d'autres situations. Le Programme de formation pour chaque discipline comprend des objectifs spécifiques et des contenus d'apprentissage.

Par ailleurs, en RDC, une importance particulière est accordée à l'enseignement des et dans les langues nationales concomitamment avec le français. Les langues nationales utilisées dans l'enseignement sont au nombre de 4. Il s'agit du lingala, Swahili, Kikongo et Thiluba.

Au degré élémentaire (1ère et 2ème années), la langue nationale ou du milieu est à la fois langue de l'enseignement (médium) et discipline enseignée. Le français est utilisé au degré élémentaire mais uniquement sous une forme orale.

Au degré moyen (3ème et 4ème années), l'apprentissage de la langue française est marqué par le passage de l'oral à l'écrit c'est-à-dire dès la 3ème année mais toujours comme matière d'enseignement et non comme médium.

Au degré terminal (5ème et 6ème années), le français devient à la fois médium et matière d'enseignement.

D'une manière générale, il convient de noter que plus on avance en degré d'études plus les horaires de cours en français augmentent et ceux en langues congolaises diminuent. Les langues congolaises passent de 7h ½ de cours au degré élémentaire à 2 h ½ de cours au degré terminal tandis que la langue française passe de 4 h ½ de cours au degré élémentaire à 7h ½ de cours au degré terminal.

Grille Horaire et Pondération des Matières

Tableau 3 : Pondération des matières en termes d'heures de cours par semaine, par domaine, branche, degré et année d'études primaires :

N°	DOMAINE	BRANCHE	DEGRE ET ANNEE D'ETUDES					
			ELEMENTAIRE		MOYEN		TERMINAL	
			1ère	2ème	3ème	4ème	5ème	6ème
1	Langues	Langue Congolaise	7h 1/2	7h 1/2	3h 3/4	3h 3/4	2h 1/4	2h 1/4
		Français	4h 1/2	4h 1/2	6h	6h	7h 1/2	7h 1/2
		Total	12h	12h	9h3/4	9h3/4	9h3/4	9h3/4
		Pourcentage	44,1%	44,4%	36%	36%	34%	34%
2	Mathématiques, Sciences et Technologie	Mathématiques	5h1/4	5h1/4	6h	6h	7h 1/2	7h 1/2
		Technologie	3/4	3/4	3/4	3/4	3/4	3/4
		Sciences (d'éveil (1))	3h3/4	3h3/4	3h3/4	3h3/4	3h3/4	3h3/4
		Total	9h3/4	9h3/4	10h1/2	10h1/2	12h	12h
		Pourcentage	36%	36%	39%	39%	42%	42%
3	Univers Social et Environnement	Géographie	-	-	3/4	3/4	3/4	3/4
		Histoire	-	-	3/4	3/4	3/4	3/4
		Ed.civ. et morale (2)	1h1/2	1h1/2	1h1/2	1h1/2	1h1/2	1h1/2
		Ed. Santé et Env.	3/4	3/4	3/4	3/4	3/4	3/4
		Total	2h1/4	2h1/4	3h3/4	3h3/4	3h3/4	3h3/4
		Pourcentage	8,3%	8,3%	14%	14%	13%	13%
4	Arts	Education artistique	3/4	3/4	3/4	3/4	3/4	3/4
		Total	3/4	3/4	3/4	3/4	3/4	3/4

		Pourcentage	3%	3%	3%	3%	3%	3%
5	Développement personnel	Education physique	3/4	3/4	3/4	3/4	3/4	3/4
		Initiation. Travail manuel	3/4	3/4	3/4	3/4	3/4	3/4
		Religion	3/4	3/4	3/4	3/4	3/4	3/4
		Total	2h1/4	2h1/4	2h1/4	2h1/4	2h1/4	2h1/4
		Pourcentage	8,3%	8 ?3%	8%	8%	8%	8%
TOTAUX (en heures par semaine)			27h	27h	27h	27h	28h1/2	28h/2
			100%	100%	100%	100%	100%	100%
RECREATION			2	2	2	2	1h1/2	1h1/2
Total Général (en heures)			29	29	29	29	30	30

-La durée d'une séance de cours est de 45 minutes.

-La durée de la récréation est de 20 minutes pour les classes de 1ère année jusqu'en 4ème année, elle est de 15 minutes pour les classes de 5ème et 6ème années.

(1) Sciences d'éveil pour le degré élémentaire et Sciences pour les autres degrés.

(2) L'Education Civique et Morale est une discipline transversale présente dans toutes les activités vécues quotidiennement à l'école. Au de-là de l'heure de cours (1h1/2), l'éducation civique et morale devient une constante de la formation à l'école primaire.

Contexte et Justification de l'introduction des Compétences de Vie Courante (CVC) dans l'enseignement Primaire en RDC

En République Démocratique du Congo (RDC), les années 90 ont été marquées par une longue période de conflits politico-sécuritaires qui n'a eu d'égal dans le pays que la guerre du Katanga au début des années 60. Ces conflits armés ont ébranlé non seulement le tissu économique du pays mais aussi annihilé les nombreux efforts consentis par le gouvernement en faveur des secteurs sociaux de base en général et de l'éducation en particulier. Les effets néfastes de ces conflits ont considérablement ralenti le développement des indicateurs de l'éducation de base et ont aggravé les disparités géographiques et celles liées au sexe en matière d'éducation.

Il a fallu attendre la période post-conflits des années 2000 pour que le gouvernement s'attèle de façon sereine au redressement du système éducatif. C'est ainsi que pour relever les nombreux défis auxquels le système éducatif a été confronté pendant la période de guerre, la République Démocratique du Congo s'est engagée, au cours de ces dernières années, dans une profonde refondation de son système éducatif notamment à travers l'élaboration d'une loi cadre de l'enseignement national (février 2014), d'une stratégie de développement du sous-secteur de l'Enseignement Primaire, Secondaire et Professionnel (MEPSP) 2010/2011-2015/2016 et d'un Plan Intérimaire de l'Éducation (PIE) 2012-2014.

L'une des pièces maîtresses de cette refondation a été l'élaboration, en avril 2011, d'un nouveau programme de l'enseignement primaire ci-dessus indiqué dont les finalités visent à assurer une formation harmonieuse et de qualité pour l'homme congolais, d'en faire un citoyen responsable, doté d'une sensibilité civique élevée, utile à lui-même et à la société, capable d'assimiler sa culture et les exigences d'un État démocratique pour promouvoir le développement du pays.

 En vue de faciliter la formation et l'émergence d'un homme nouveau capable de résoudre les problèmes émergeants auxquels le pays est confronté, le gouvernement de la République Démocratique du Congo, à travers les plus hautes autorités éducatives du pays, a décidé d'améliorer et de renforcer le programme de l'enseignement primaire en y intégrant des compétences de vie courante permettant non seulement aux élèves, en tant qu'adultes et citoyens de demain, de faire face aux nombreux défis auxquels ils seront confrontés dans la vie de tous les jours mais aussi au gouvernement de consolider la défense et la protection des droits de l'homme, des libertés individuelles et des valeurs démocratiques.

II. Les Objectifs de la Présente étude et les Questions de Recherche

Objectif Géhéral : L'objectif général de la prénte étude est d'évaluer les résultats de l'expérimentation de l'Enseignement Intégré des compétences de vie courante dans les écoles de l'enseignement primaire en République Démocratique du Congo (RDC).

Les objectifs spécifiques : Ils visent à :
-évaluer la performance des enseignants et celle des élèves respectivement en enseignement et en apprentissage des compétences de vie courante (CVC) dans les écoles expérimentales ;
-Identifier les succès enregistrés et les difficultés rencontrées par l'expérimentation de l'enseignement intégré des compétences de vie courante (CVC) au niveau de l'enseignement primaire au Congo.

Les Questions de Recherche : La présente étude se propose de répondre aux questions suivantes : Les formations recues ont-elles permis d'améliorer la performance des enseignants et les résultats des élèves en compétences de vie courante ? Dans quels domaines de compétences de vie courante les enseignants et les élèves sont-ils le plus performants ? Quels sont les domaines qui posent le plus de problèmes et qui restent à consolider ? Quels sont les succès enregistrés et les difficultés rencontrées par l'expérimentation des CVC ? Quelles suggestions et recommandations peut-on formuler pour la généralisation (mise à l'échelle) du projet ?

III. Les Hypothèses de l'étude

Hypothèse 1 : Les formations recues par les enseignants dans le cadre de l'expérimentation ont amélioré la qualité de leur enseignement en compétences de vie courante.

Hypothèse 2 : Les élèves des écoles expérimentales sont plus performants en compétences de vie courante après le traitement (c'est dire après la formation des enseignants et l'utilisation des outils didactiques).

IV. Méthodologie et Matériels de l'étude

4.1. Echantillonnage

Le principe d'échantillonnage a été de type empirique et a essentiellement concerné les enseignants et les élèves des écoles expérimentales en CVC dans la province éducationnelle de Kinshasa Est. Toutes les écoles expérimentales en CVC se trouvent dans cette province. En raison des contraintes budgétaires et de temps, 8 écoles seulement ont été choisies parmi ces écoles dans le cadre de la présente étude.

Tableau 4 : Echantillon des élèves et des écoles

Pré-test	Post-test
1ᵉ année	
70 élèves	**42 élèves**
Kinshasa Est	**Kinshasa Est**
11 écoles primaires publiques(E.P. NDBS, EP Kusoba, EP Saint Julien, EP Mobutu, EP Saint-Alphone, EP 1 Kimpoko, EP 3 Kimpoko, EP Maman Marie Madelaine, EP Maman Olive Kabila, EP Ngamanzo, EP Nopene)	**8 écoles primaires publiques** (EP1 Kimpoko, EP2 Kimpoko, EP3 Kimpoko, EP Makanza, EP1 N'sele, EP Mopene, E.P. Kusoba, E.P. Saint Julien)
2e année	
49 élèves	**76 élèves**
Kinshasa Est	**Kinshasa Est**
10 écoles primaires (E.P. St-Nicolas; E.P. Kusoba; E.P. Saint-Alphonse; E.P. Mobutu; E.P. Kimpoko; E.P. Nisele; E.P. Mamaolivelk; E.P. Mgamanzo; E.P. Mopene; E.P. NDBS)	**16 écoles primaires** (E.P. Kusoba; E.P. Saint Julien; E.P. Saint Julien; E.P. Makanza; E.P. Kimpoko; E.P. Mobutu; E.P. M.I.C; E.P. Maman olivelembakembekabila;
	E.P. Ngamanzo; E.P. Saint Alphonse; E.P. U Kimkole; E.P. Mamaroliwelk; E.P. Insele; E.P. MMF; E.P. Mopene; E.P. N.O.B.S)

L'évaluation des acquisitions des élèves a porté sur les 6 domaines de Compétences de Vie Courante (CVC) identifiés par le projet. Elle a consisté en un pré-test administré aux élèves de l'enseignement primaire avant l'expérimentation proprement dite et en un post-test après l'expérimentation. Le pré-test et le post test ont été administrés aux élèves de 1r^e et 2e année en langue nationale Lingala parlée dans la ville de Kinshasa.

En 1ère année, pour le pré-test, l'évaluation de l'expérimentation en termes d'acquisitions des élèves en CVC a concerné 70 élèves et pour le post-test, l'évaluation a concerné 42 élèves.Tous les 70 élèves du pré-test ont été reconduits pour le pos-test également.11 écoles primaires publiques et 8 écoles primaires publiques ont été retenues respectivement pour le pré-test et le post-test en 1ère année.[3]

En 2ème année, pour le pré-test, l'évaluation de l'expérimentation en termes d'acquisitions des élèves en CVC a concerné 49 élèves et pour le post-test, l'évaluation a concerné 76 élèves.Tous les 49 élèves du pré-test ont été reconduits pour le pos-test également avec 27 élèves additionnels qui n'avaient pas été pré-testés.10 écoles primaires publiques et 16 écoles primaires publiques ont été retenues respectivement pour le pré-test et le post-test.[4]

Tableau 5 : Récapitulatif de l'échantillon des élèves

	1e A	2e A	Total
Pré-test	70	49	119
Post-test	42	76	118

Au total, pour l'ensemble de l'échantillon, 119 élèves ont été concernés par le pré-test contre 118 pour le post-test.

Par ailleurs, les enseignants ont été observés à l'aide d'une grille d'observation dans la province éducationnelle de Kinshasa-Est. Ces observations ont concerné les enseignants des 4 écoles expérimentales suivantes : l'école primaire Marie Madeleine De Frescobaldi de Kinkolé ; l'école primaire Mobutu DAIPN de N'Sélé ; l'école primaire Saint Alphonse de Kinkolé et l'école primaire de Ngamanzo.

---

[3]On note un taux de mortalité de 3 écoles entre le pré et le post-test.
[4]On remarque qu'en plus des 10 écoles primaires publiques initialement testés, 6 écoles primaires publiques additionnelles ont été également concernées par le post-test.

4.2. Les Outils de Collecte des données (Matériels de l'étude)

Les outils élaborés pour collecter les données sur les résultats de l'expérimentation
sont les suivants :
* Grille d'observation de la classe
* Pré-test et post-test 1ere année
* Pré-test et post-test 2e année
* Questionnaire directeurd'école
* Questionnaire enseignant

4.3. La Collecte des données

Les données évaluatives de l'expérimentation ont été collectées au cours du mois
de Mars et de Juin 2015 dans la province éducationnelle de Kinshasa-Est. Le pré-
test a été administré aux élèves entre le 7 et le 20 Mars 2015. Le post-test a été
administré en fin d'année scolaire (fin Juin 2015) après formation des enseignants
et utilisation dans les classes expérimentales du matériel didactique développé.

4.4. Le Plan de traitement et d'analyse des données

Le traitement des données a été à la fois de type qualitatif et quantitatif. Les
données de la grille d'observation de la classe ont été traitées et analysées
qualitativement[5]. Quant aux données des tests d'acquisition et des questionnaires
adressés aux Directeurs d'école et aux enseignants, elles ont été traitées à l'aide de
tests statistiques descriptifs et inférentiels comme les calculs de fréquence, de
corrélation et l'analyse de variance. [6] Seules les variables signalétiques
indépendantes qui nous ont semblé les plus pertinentes ont été mises en relation
avec les acquisitions des élèves en tant que variables dépendantes. En vue de mieux

---

[5] Huberman A. Michael; Mathew B. Miles: Analyse des données qualitative, 2ème edition
revisé par Jean Jacques Bonniol, de Boeck Supérieur
[6] Campbell, D Cook. T.D (1979), Quasi Experimentation, Design and analysis issues for fiels
settings, Rand McNally College, 405 pages

Hinkle Dennis E, Jurs Stephen G, Wiersma William, 1979 / Applied Statistics for the Biavioral
Sciences, Houhton Mifflin Company/Boston Dallas, Geneva, Illinois Hopewell, New
Jersey,Palo Alto, London

affiner nos analyses, les données des résultats qualitatifs ont été triangulées avec les données des résultats quantitatifs.

V. Les Résultats de l'étude

5.1. Les résultats des observations de classe

Ces résultats ont permis d'évaluer la performance des enseignants ainsi que certaines compétences des élèves en vie courante.

Maîtrise de la langue d'enseignement

En ce qui concerne la maîtrise de la langue d'enseignement, il convient de signaler, qu'à part quelques exceptions, la plupart des enseignants observés utilisent aussi bien le français que le lingala (langue congolaise) bien que l'enseignement du degré élémentaire (1ère et 2ème Années) devrait dorénavant (programme 2011) être fait en langue congolaise uniquement.

Planification et préparation de la séquence pédagogique

Dans la pratique de classe, certains enseignants ont encore des difficultés à élaborer leurs fiches pédagogiques selon les fiches modèles présentées au cours des formations. Ce sont pourtant ces fiches qui leur permettent d'intégrer les CVC dans leur enseignement. En outre, il s'avère nécessaire de les habituer à l'utilisation des guides du maître en CVC et de les amener à se référer à la colonne du tableau relatif aux points d'intégration dans le programme d'enseignement officiel de 2011.
On observe également que les enseignants ont des difficultés pour l'intégration des CVC dans les branches qui n'ont pas fait l'objet de modèle présenté lors des formations. C'est le cas pour les leçons de mathématiques qui ont été observées. Pour les autres disciplines qui ont fait l'objet de modèles présentés lors des formations, les enseignants étaient assez performants.

L'exécution de la séquence pédagogique

Dans l'ensemble, il n'y a pas eu de problème avec les items de la grille d'observation à l'exception des points suivants :

- Les enseignants oubliaient parfois en début de séquence d'énoncer aux élèves les compétences de vie courante visées par la séquence.
- Les mises en situation ne sont pas diversifiées. Ainsi, lors d'une séance de numération, plusieurs mises en situations s'offraient à l'enseignant ; Exemples : 1) dire aux élèves de regarder à travers la fenêtre et de compter les arbres qui se trouvent dans la cour ; demander par la suite si le nombre d'arbres dans la cour est suffisant pour offrir de l'ombrage ; 2) demander à chaque élève de dessiner un nombre au choix d'arbres qu'il pourrait planter à l'école et d'écrire ce nombre en bas du dessin.
- Nulle part, les enseignants n'ont amené les élèves à produire individuellement ou en groupe dans le but d'exploiter leurs productions en plénière.

Indicateurs relatifs à la pratique pédagogique

Dansl'ensemble, les enseignants ont exécuté les consignes de pratiques pédagogiques ; mêm si dans les détails, l'exploitation de travail en petits groupes n'a pas été faite, mais d'autres pratiques, comme circuler en classe pour aider les élèves, ont été correctementexécutées.

Indicateurs en rapport avec les relations interpersonnelles : maître/élèves- élèves/élèves

À ce niveau, il conviendrait de mettre l'accent sur les points suivants :

- Les enseignants doivent de plus en plus inciter les élèves à leur poser des questions et non pas attendre seulement que les élèves répondent aux questions qu'ils posent. Après avoir présenté la leçon, il serait préférable de demander aux élèves de poser des questions sur ce qu'ils voudraient savoir en plus, ou sur ce qu'ils ne comprennent pas. Ou leur demander de faire leurs propres commentaires sur la leçon présentée.
- Exploiter davantage le travail de groupe.

Utilisation de supports pédagogiques et de matériels didactiques

Les items de la grille d'observation y afférents sont bien présentés. Cependant, la diffusion et l'exploitation des manuels destinés aux élèves (encore quasi inexistants) restent insuffisantes.

Évaluation des compétences des élèves

- Les évaluations formatives effectuées par les enseignants ont montré que la plupart des élèves avaient une bonne compréhension des compétences enseignées au cours de la séquence d'apprentissage.
- Cependant, nous n'avons pas observé de séances en rapport avec les tâches intégratives[7]. Il conviendrait à l'avenir d'observer les enseignants et les élèves dans l'exécution de ces tâches

En analysant l'ensemble des résultats des observations de classe nous pouvons dire que notre première hypothèse selon laquelle les formations recues par les enseignants dans le cadre de l'expérimentation ont amélioré la qualité de leur enseignement en compétences de vie courante a été vérifiée et confirmée par les résultats de l'étude même si quelques aspects de cet enseignement restent à consolider par les enseignants.

5.2. Analyse des résultats des questionnaires Enseignants et Directeurs d'école

En dépit du fait que l'expérimentation a commencé tardivement, c'est-à-dire au milieu du 2e trimestre de l'année scolaire (Mars 2015), on observe une nette volonté des enseignants et des directeurs de s'approprier les CVC. Dans l'ensemble, les enseignants se sont dits satisfaits du nombre et de la qualité des fiches de séquences d'apprentissage[8] et de fiches de tâches intégratives mises à leur disposition. On observe également quelques efforts d'adaptation des fiches de préparation des séquences d'apprentissage ainsi que des efforts d'intégration de situations problèmes dans l'enseignement des CVC.

---

[7] Selon le Guide de l'expérimentation des CVC en RDC, une tâche intégrative consiste à demander à l'élève au cours d'un exercice, de mobiliser et d'utiliser à la fois des compétences disciplinaires (contenus des matières d'enseignement), des compétences transversales (comme la communication et l'utilisation de technologie) et des compétences de vie courante (lecture-écriture, calcul, santé, nutrition, etc.) pour résoudre un problème.
[8] Les fiches de séquence d'apprentissage sont des fiches de préparation des leçons.

Caractéristiques des enseignants et des directeurs d'école

**Figure 1 : Répartition Enseignants par sexeFigure 2 : Répartition
Enseignants par âge**

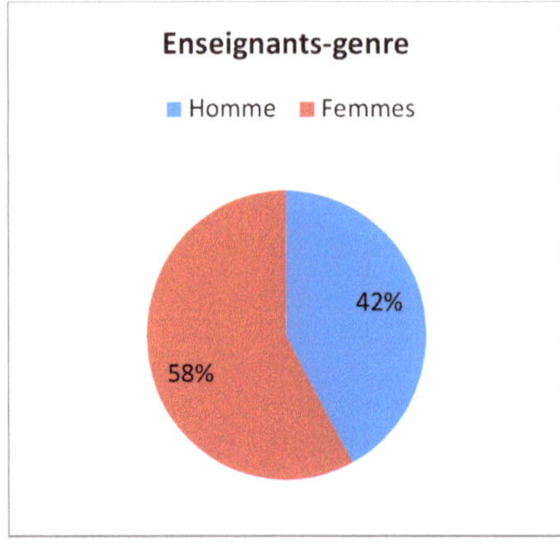

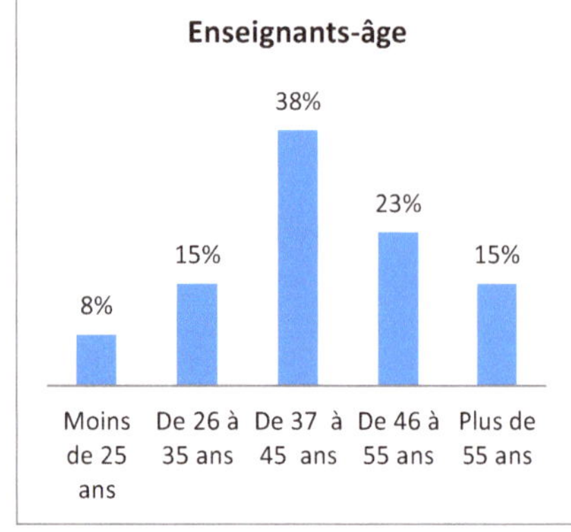

Dans la province éducationnelle de Kinshasa-Est, 19 enseignants et 9 directeurs d'école ont été interrogés. Chez les enseignants, on compte une majorité de femmes (58%) ; ce qui témoigne d'une volonté du gouvernement congolais de mettre l'accent sur le recrutement des femmes enseignantes.

La majorité des enseignants interrogés ont entre 37 et 45 ans ; ce qui constitue une moyenne d'âge relativement jeune sur laquelle on peut compter pendant de longues années en vue du renforcement des acquis du projet.

Figure 3 : Répartition des Directeurs par age

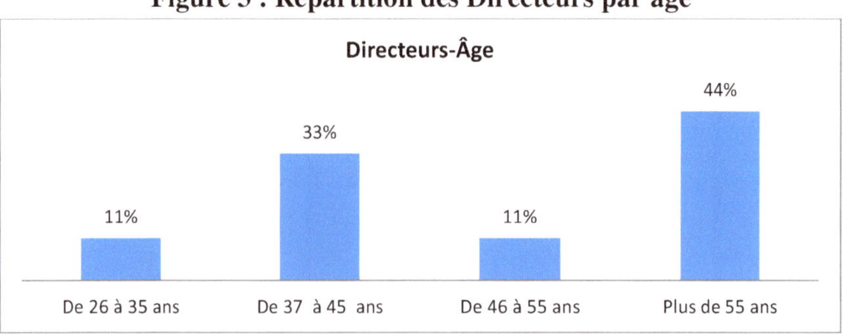

La plupart des directeursd'écolesont des personnesexpérimentéesayant plus de 55 ans (44%).

Par ailleurs, la quasi-totalité des enseignants et des directeurs interrogés gagnent entre 100 000 et 150 000 Francs congolais (soit entre 55 500 et 83. 000 FCFA). Ce niveau de salaire est très faible au regard du coût de la vie dans la province de Kinshasa. Tous les enseignants et directeurs interrogés ont un diplôme professionnel d'enseignant, ceci est particulièrement encourageant dans le cas des directeurs puisque cela leur permet d'assumer correctement leur rôle de formateurs et d'encadreurs pédagogiques.

Caractéristiques des écoles

Toutes les écoles expérimentales visitées sont des écoles publiques conventionnées (catholiques et protestantes) dont près de deux tiers à simple vacation (61%). Les écoles visitées ont en moyenne 363 élèves pour les 6 années du primaire. Il y a généralement autant de filles que de garçons, et ce, sur l'ensemble du primaire ; ce qui dénote des efforts déployés par le gouvernement de la RDC en faveur de la scolarisation des filles. Il y a en moyenne 5 enseignantes et 5 enseignants par école

Les effectifs moyens par classe varient de 54 à 72 élèves. Les effectifs sont beaucoup plus élevés dans les classes de 1ère et 2ème année en raison du taux élevé de déperdition au cours du parcours scolaire (plus de 10%). On constate également qu'il n'y a pas de différence significative entre les effectifs des garçons et des filles par classe.

5.3.Évaluation des formations

Tous les enseignants et directeurs interrogés ont suivi des formations en enseignement des compétences de vie courante dans le cadre du projet (en moyenne 2,5 formations, pour généralement 1 à 5 jours).

Figure 4 : Appréciation durée des formations ; Figure 5 : Appréciation période des formations

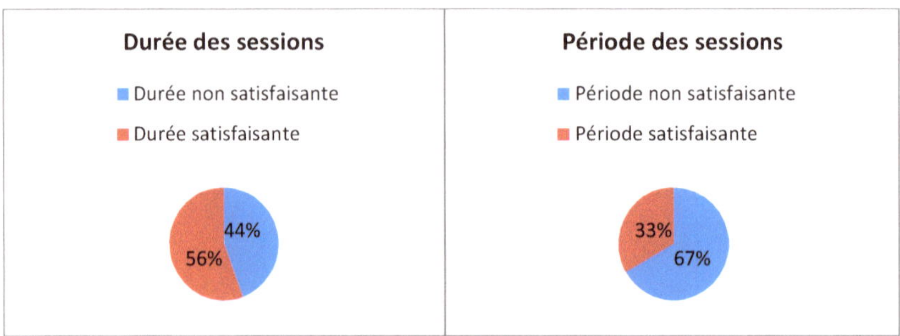

44% des enseignants disent que la durée des sessions de formation n'est pas satisfaisante. Selon eux, cette durée était très courte par rapport au contenu des modules de formation qu'ils trouvent très pertinent. A l'avenir, il conviendrait donc d'augmenter la durée des formations. La période des sessions de formation a été également considérée à 67% comme non satisfaisante. En outre, les directeurs interrogés ont indiqué que les formations devraient être mieux articulées autour du déroulement de l'année scolaire afin de ne pas s'absenter alors que les enfants sont dans les écoles.

Figure 6 : Appréciation générale de la formation par les enseignants et les Directeurs

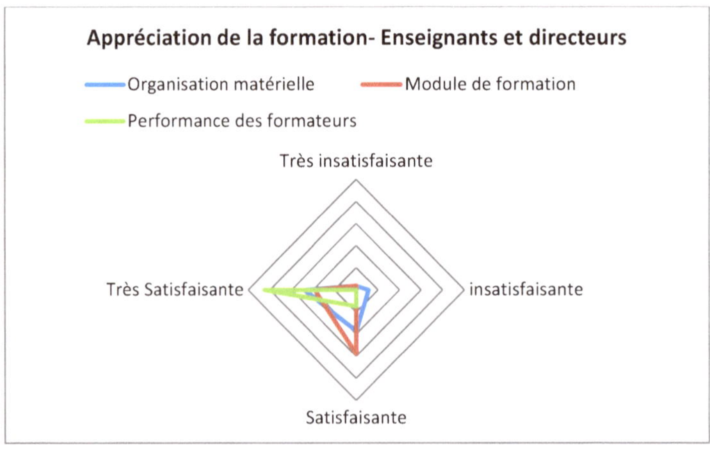

Les enseignants et directeurs interrogés jugent l'organisation matérielle des formations, les modules de formation, la performance des formateurs de satisfaisante à très satisfaisante. Ils ont indiqué également que les matériels didactiques utilisés pendant les sessions de formation, la méthodologie de la formation et les lieux de la formation étaient satisfaisants à très satisfaisants. Un nombre important de jours devra être également accordé aux ateliers d'élaboration de fiches d'activités pédagogiques comme les fiches de séquence d'apprentissage, les fiches de tâches intégratives et les fiches techniques[9].

5.4. Évaluation de l'expérimentation proprement dite

Figure 7 : Evaluation de l'expérimentation par les enseignants et les directeurs

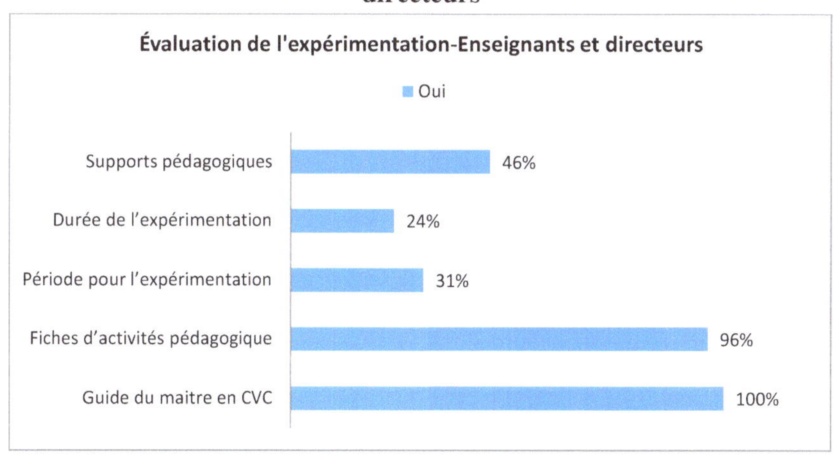

La figure ci-dessus montre que seulement 46% des enseignants et directeurs interrogés ont reçu tous les supports pédagogiques. Ceci concerne principalement le programme national de 2011. Presque tous ont reçu les fiches pédagogiques (96%) et le guide du maître (100%). La durée et la période de l'expérimentation ont été moyennement appréciées (soit respectivement par 24 et 31% des enseignants et des directeurs). Par ailleurs, près du trois quarts des directeurs

---

[9]Les fiches techniques sont des fiches portant sur les contenus scientifiques à enseigner sur les CVC. C'est une espèce de bibliothèque dans laquelle les enseignants puisent des connaissances scientifiques les aidant dans la préparation des séquences d'apprentissage (leçons).

interrogés indiquent avoir organisé ouparticipé à des leçons modèles entre collègues.

Figure 8 : Pourcentage d'Enseignants appréciant la régularité du suivi reçu par les différents encadreurs pédagogiques

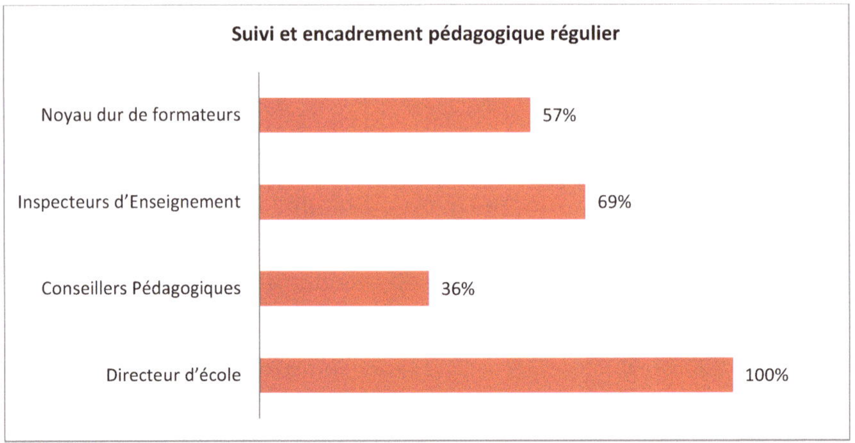

Au vu de la figure 8 ci-dessus indiqué, il convient de féliciter les directeurs d'école, car tous les enseignants interrogés affirment qu'ils ont bénéficié d'un suivi et d'un encadrement réguliers de leur part. 69% et 36% d'entre eux affirment qu'ils ont respectivement reçu de la part des Inspecteurs d'Enseignement et des conseillers pédagogiques un suivi et encadrement pédagogiques. Toutefois, le suivi et l'encadrement pédagogiques de la part des conseillers pédagogiques et du noyau dur de formateurs mériteraient d'être renforcés en vue d'un meilleur contrôle de qualité.

5.5. Résultats de l'évaluation des acquisitions des élèves en CVC

Un des objectifs spécifiques de la présente étude est d'évaluer l'évolution des acquisitions des élèves dans les 6 domaines de Compétences de Vie Courante (CVC) identifiés par le projet après la formation des enseignants et la diffusion du matériel didactique développé. L'évaluation des acquisitions a concerné des élèves de 1r^e et 2e année primaire.

Un pré-test a été administré à un échantillon d'élèves entre le 7 et le 20 Mars 2015. Un post-test a été administré en fin d'année scolaire (Juin 2015).Les tests (pré-test et post-test) ont été administrés oralement en langue lingala et remplis par les enseignants conformément aux réponses des élèves. Ils intègrent des variables de contrôle concernant des informations sur l'école, le maître et l'élève ainsi que des questions de connaissances relatives aux 6 domaines de compétences testés.

Le même nombre d'items (questions) traitant des mêmes thèmes se trouve dans le pré et post-test en 1r^e et 2e année. Toutefois les tests de 2e année présentent un niveau de complexité plus élevé. Par ailleurs, les questions dans le pré-test et le post-test pour chaque année d'étude sont identiques au plan du niveau de difficultés, mais le contenu des questions a été modifié dans le post-test afin de contrôler pour l'effet de mémorisation des réponses par les élèves. Les domaines testés sont les suivants :
Domaine 1 : Santé Hygiène et Nutrition (7 questions)
Domaine 2 : Éducation sociale, équité du genre et droits de l'enfant (4 questions)
Domaine 3:Éducation relative à l'environnement (2 questions)
Domaine 4 : Culture de la paix, Droits humains et démocratie (3 questions)
Domaine 5 : Connaissances instrumentales de base (9 questions. Attention : seules les questions concernant la numération ont pu être corrigées)
Domaine 6 : Sécurité routière (2 questions)

Par ailleurs, avant de présenter les résultats proprement dits des élèves aux tests d'acquisition en CVC, il nous semble pertinent de procéder d'abord à une description des variables signalétiques.

Les données signalétiques sur les écoles et les élèves

Toutes les écoles concernées sont publiques conventionnées (à part l'EP1 N'sele, publique non conventionnée) et le deux tiers des élèves interrogés étudient dans des écoles catholiques et dans des classes à simple vacation.

Figure 9 : Répartition des élèves par origine socio-économique

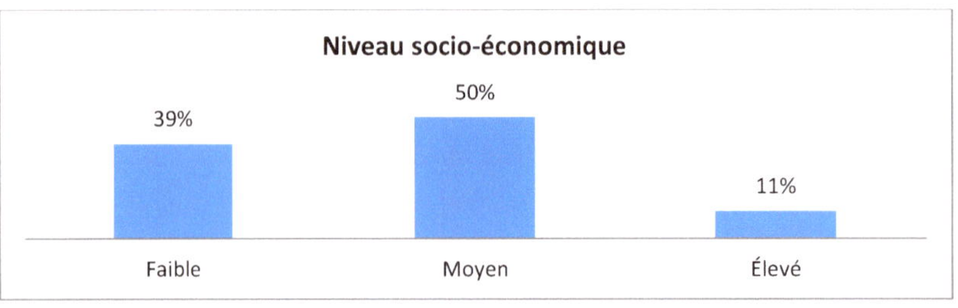

La plupart des élèves testés sont issus de couche socio-économique de niveau moyen (50 %). Les élèves issus de couches socio-économique de niveau faible et de niveau élevé représentant respectivement 39 et 11%.

Figure 10 : Répartition des élèves par genre   Figure 11 : Répartition des élèves par scolarité

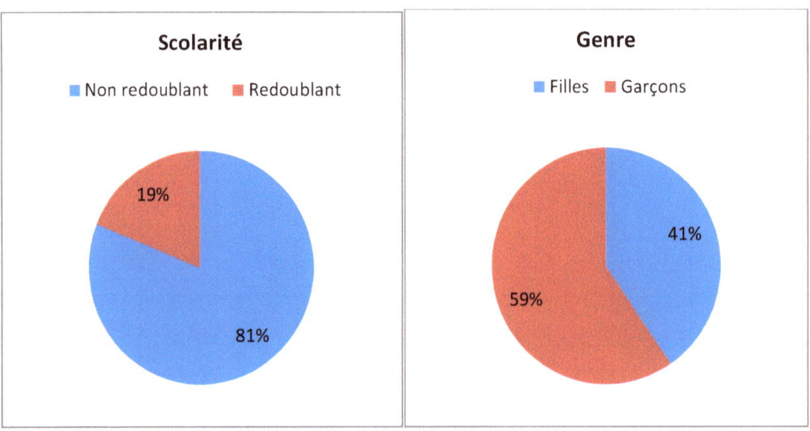

On note une prévalence de garçons parmi les élèves interrogés (59%). Les non redoublants sont plus nombreux que les redoublants (81%). On compte près de 20% de redoublants ; cependant ceci n'est pas de nature à biaiser les résultats dans le cas des CVC puisque l'enseignement n'était pas offert avant la mise en œuvre du projet. Sur le plan âge, en première année, tous les élèvesont entre 6 et 8 ansce qui peutêtre normal étantdonnéquel'âge de scolarisation en RDC est de 6-7 ans. Tandisqu'en 2ᵉannée, lestrois quarts des élèvesont entre 9 et 10 ans.

Figure **12 : Répartition des enseignants par expérience professionnelle**

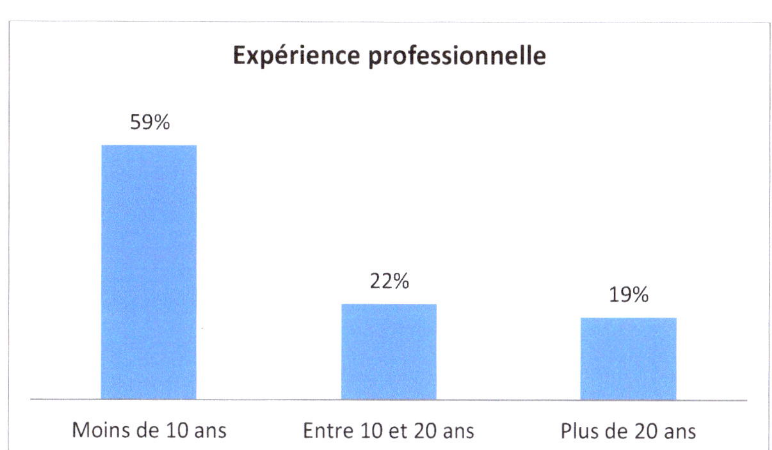

La majorité des enseignants interrogés a moins de 10 ans d'expérience professionnelle (59 % contre   respectivement 22 et 19% pour ceux qui ont entre 10 et 20 ans et plus de 20 ans d'expérience professionnelle). L'échantillon d'enseignants interrogés n'a relativement pas assez d'expérience professionnelle. Rappelons que la répartition par âge nous a montré, un peu plus haut, que la plupart des enseignants interrogés sont relativement jeunes. En outre, tous les enseignants interrogés ont un diplôme professionnel d'enseignement et pour la quasi-totalité d'entre eux, le diplôme académique le plus élevé est un D6 (à part 4 répondants qui ont un D4)[10]. Tous les enseignants interrogés ont reçu plus de 2 formations en CVC dans le cadre du projet.

---

[10]D 4 = BEPC + 4 et D 6 = BEPC + 6

Résultats globaux des élèves au Pré-test

Figure 13 : Résultats au pré-test par année d'étude (1ère et 2ème année)

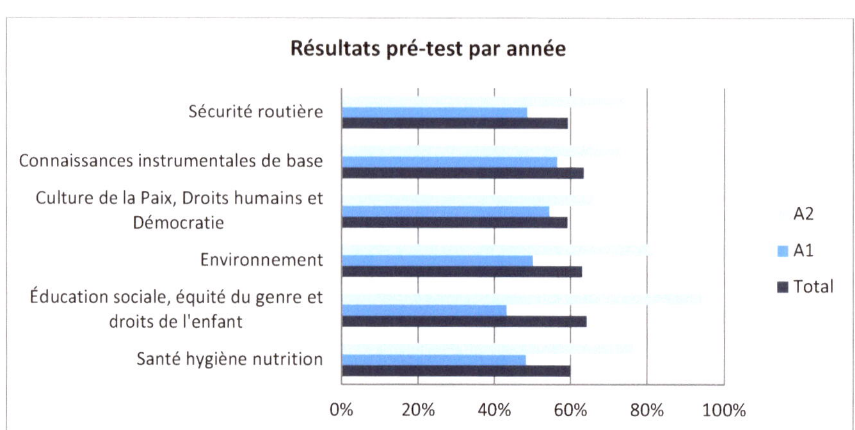

Au pré-test, le nombre d'élèves ayant réussi est de 61% avec des résultats allant de 59% (Culture de la Paix) à 64% (Éducation sociale) selon le domaine de compétences testé. Les résultats en 2e année sont plus élevés qu'en 1r^{e} année, avec des moyennes respectives de 78% et 50%. Étant donné la nature transversale des données, une analyse économétrique de type groupes non équivalent n'est pas possible. Cependant, dans le cas où les données obtenues seraient homogènes, nous pourrions inférer un impact du traitement sur la base d'une différence statistiquement significative entre les résultats du pré et post-test au sein de l'échantillon. Comme ce n'était pas le cas, une analyse de variance a été donc effectuée sur les 14 groupes (écoles) distincts identifiés :

$$\begin{cases} H_0: \mu_{EP1} = \mu_{EP3} = \cdots = \mu_{EP14} \\ H_1: au\ moins\ une\ moyenne\ est\ différente \end{cases}$$

Analyse de Variance

Source des variations	Somme des carrés	Degré de liberté	Moyenne des carrés	F	Probabilité	Valeur critique pour F
Entre Groupes	2,60855169	13	0,20065782	3,8378	4,72473E-05	1,814487644
À l'intérieur des groupes	5,48989715	105	0,05228473			
Total	8,09844884	118				

$F > F_{crit}$, on rejette donc l'hypothèse nulle, les moyennes (aux résultats dans l'ensemble des domaines de compétences) pour les écoles ne sont pas toutes égales. L'échantillon n'est pas homogène au départ. Le test retourne les mêmes résultats lorsque les résultats de 1er et de 2e année sont analysés.

Analyse comparée des résultats au pré et au post-test

Pour une analyse détaillée, les résultats au pré et post-test pour l'ensemble de l'échantillon sont comparés. Toutefois, les résultats présentés doivent être appréciés avec précaution puisque l'analyse des différences de moyennes et de variances ne contrôle pas pour les différences initiales au sein de la population testée. Nous croyons cependant que cette analyse permet d'obtenir un aperçu significatif de l'effet du traitement dans le cadre de l'expérimentation.

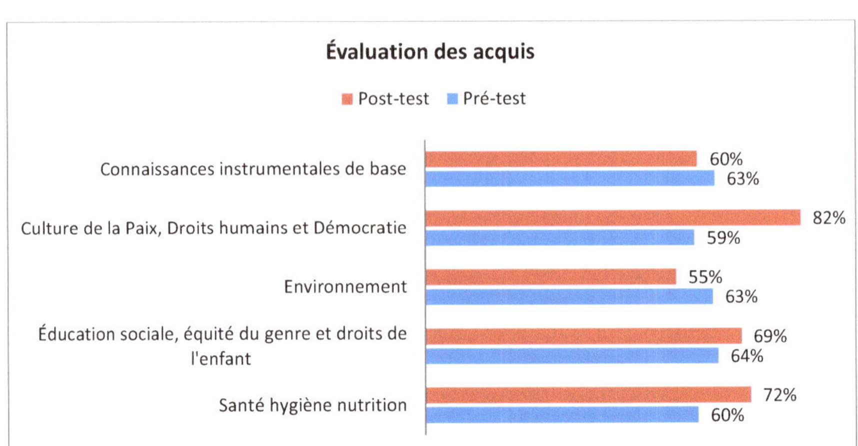

Lorsque la 1r[e] et la 2e année sont considérées, la moyenne générale est plus élevée lors du post-test (68%) que du pré-test (61%), et ce, de 7%). Ceci est vrai pour la plupart des domaines excepté les résultats en connaissances instrumentales de base et en environnement. Le domaine ayant connu la plus importante différence de résultats entre le pré-test et le post-test est la Culture de la Paix ; la moyenne générale est de 82% au post-test contre 59% au pré-test (soit unedifférence de 38% entre les deux tests).

Une analyse de la variance (test t bilatéral) a permis de déterminer si la différence des résultats est significativement différente :

$$\begin{cases} H_0 \colon \mu_{pré} - \mu_{post} = 0 \\ H_1 \colon \mu_{pré} \neq \mu_{post} \end{cases}$$

Lorsque l'ensemble des résultats est considéré (1r[e] et 2e année pour l'ensemble des domaines), l'hypothèse nulle peut être rejetée ($t - stat < -t_c$) et la différence entre les résultats au pré et post-test est significative. Cependant, lorsque chaque année est considérée distinctement la différence de moyenne n'est pas significative.

Tableau 6: Evolution des acquis

	Évolution des acquis	Signification
Santé hygiène nutrition	+	Significatif
Éducationsociale, équité du genre et droits de l'enfant	+	Significatif
Environnement	-	Non significatif
Culture de la Paix, Droitshumains et Démocratie	+	Significatif
Connaissancesinstrumentales de base	-	Non significatif
Sécuritéroutière	+	Non significatif

Pour les deux domaines pour lesquels la moyenne des résultats a diminué (Environnement et Connaissances instrumentales de base), la différence apparaît ne pas être significative. L'évolution des acquisitions dans le domaine de la sécurité routière n'est pas significative. Pour les quatre autres domaines restants (Santé hygiène nutrition; Éducation sociale ; Equité du genre et droits de l'enfant; Culture de la Paix, Droits humains et Démocratie), la différence des résultats est positive et significative indiquant un possible impact positif du traitement (formation des enseignants et diffusion des outils didactiques) sur les connaissances des élèves testés.

Analyse des résultats pré et post test par école

Parmi l'échantillon analysé, trois groupes (écoles) de 1r^e année ont pu être suivis avant et après le traitement (EP 1 Kimpoko, EP 3 Kimpoko et EP Nopene). L'analyse de leurs résultats au pré et post-test permet de contrôler pour l'hétérogénéité dont il a été question plus haut. Un test t bilatéral est effectué sur les résultats moyens dans l'ensemble des domaines de compétences.

$$\begin{cases} H_0 : \mu_{pré} - \mu_{post} = 0 \\ H_1 : \mu_{pré} \neq \mu_{post} \end{cases}$$

EP 1 Kimpoko	On rejette l'hypothèse nulle
EP 3 Kimpoko	La différence de moyenne observée diffère significativement
EP Nopene	On ne rejette pas l'hypothèse nulle La différence observée n'est pas significative

Dans les écoles EP 1 et EP 3 Kimpoko, la moyenne générale au post-test est significativement plus élevée que celle obtenue au pré-test, ce qui peut indiquer un impact du traitement (formation et diffusion du matériel didactique) sur les connaissances des élèves. Au sein de l'EP 3 Kimpoko, les résultats sont systématiquement plus élevés au post-test mis à part dans le domaine des *connaissances instrumentales de base*. Il est cependant important de noter que pour ce domaine, seules les deux questions de numération ont pu être corrigées (pas de correction des questions de logique en calcul formulées en langue nationale lingala puisque l'expert CIDE chargé du traitement des données en tant qu'expatrié ne parle pas cette langue). Par ailleurs, un problème de mise en page a crée une confusion dans la compréhension des questions de numération. Les résultats dans l'ensemble des domaines sont plus faibles lors du pré-test à l'EP3 Kimpoko que dans les autres écoles testées, mais l'impact a été important avec des moyennes augmentant de plus de 100% pour l'ensemble des domaines.

Figure 15 : Résultats de l'école EP 3 Kimpoko au Post-test et au Pré-test

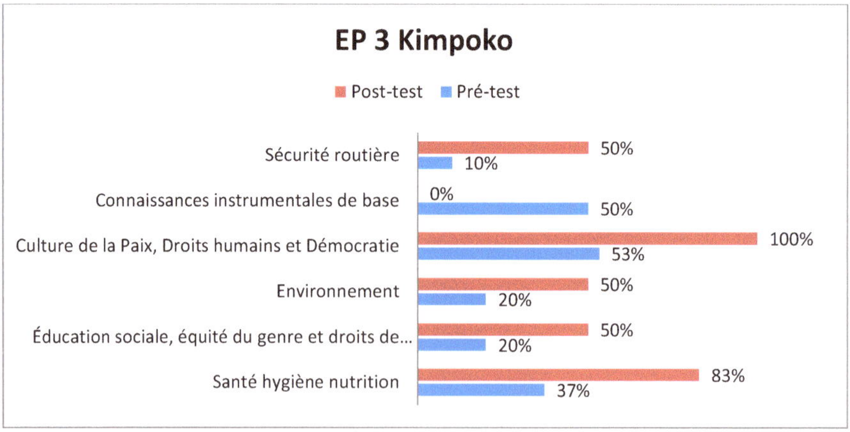

Au sein de l'EP 1 Kimpoko, l'effet a été positif uniquement pour le domaine de la *santé hygiène et nutrition* avec des résultats de 24% plus élevés au post-test.

Figure 16 : Résultats de l'école EP 1 Kimpoko au Post-test et au Pré-test

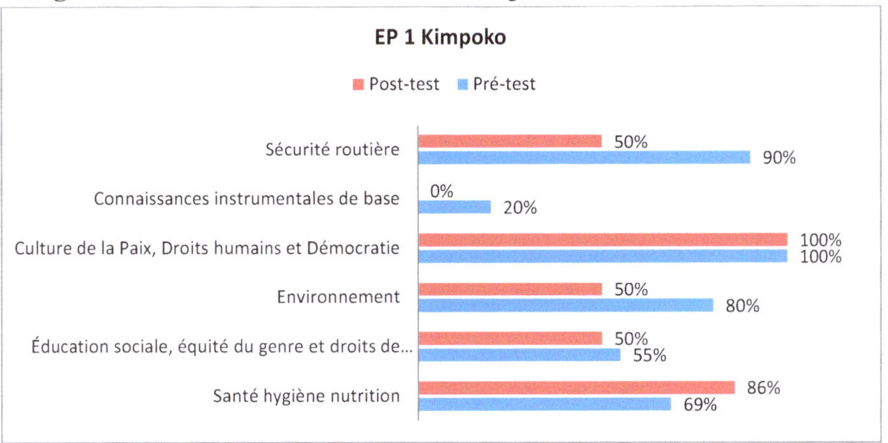

Pour les deux écoles (EP 3 Kimpoko et EP 1 Kimpoko), on observe un impact positif sur les résultats des élèves dans le domaine *santé hygiène et nutrition*.

Facteurs explicatifs de l'évolution des acquisitions en CVC

Le coefficient de corrélation du produit-moment de Pearson entre les variables signalétiques et les résultats des tests d'évaluation des acquis est calculé afin d'évaluer dans quelle mesure ces données varient ensemble (corrélation linéaire). On observe une très faible corrélation entre les résultats et les variables signalétiques (genre de l'élève, redoublement, niveau socio-économique de la famille, type de classe, zone, nombre d'années de service du maître dans l'enseignement) et les résultats (pré et post-test).

Lorsque les résultats après traitement uniquement sont considérés, la seule variable signalétique faiblement[11] (linéairement) corrélée avec les résultats totaux de l'évaluation des acquis au post-test (0.25) est le type de classe. Lorsque l'élève étudie dans une classe à simple vacation, ces résultats au post-test sont légèrement plus élevés.

---

[11] Échelle d'Evans (1996)

Lorsque les résultats par domaine de compétences sont considérés, la corrélation entre les variables signalétiques et les résultats de l'évaluation des acquis (par domaine) est la plus élevée pour les domaines et variables suivants :

-Éducation relative à l'environnement et scolarité : lorsque l'élève est non redoublant, les résultats augmentent en moyenne de 0.21 point en environnement.

-Éducationsociale, équité du genre et droits de l'enfant et zone : lorsquel'élèveestdansune zone urbaine, les résultatsaugmentent en moyenne de 0.20 point en éducationsociale, équité du genre et droits de l'enfant.

-Éducation relative à l'environnement et expérience professionnelle de l'enseignant : ceci indique que plus on a des années d'expérience, plus les résultats de l'élèvesont élevés dans ce domaine.

VI. Synthèse et Discussions

La synthèse des résultats les plus saillants de la présente étude révèle que :

- La moyenne générale est significativement plus élevée lors du post-test (68%) que du pré-test (61%) et ce, de 7%
- Pour les domaines *Santé hygiène nutrition; Éducation sociale, équité du genre et droits de l'enfant; et Culture de la Paix, Droits humains et Démocratie*; les résultats sont significativement plus élevés au post-test qu'au pré-test
- Les niveaux des écoles au départ (pré-test) sont hétérogènes, cependant l'impact positif du traitement sur les résultats des élèves dans le domaine Santé hygiène nutrition est consistant lorsqu'on contrôle pour cette hétérogénéité
- Les enseignants et directeurs sont généralement satisfaits de la formation et de l'encadrement de l'expérimentation. Cependant, l'absence du programme d'enseignement de 2011 et la faible maîtrise de la matière ont été identifiées comme les principales difficultés rencontrées
- Les enseignants éprouvent certaines difficultés à s'approprier l'innovation notamment dans l'élaboration et l'utilisation des fiches types de séquences d'apprentissage et de tâches intégratives selon l'Approche par Compétences (APC)

L'analyse minutieuse de l'ensemble des résultats obtenus dans le cadre de l'étude permet d'affirmer que notre deuxième hypothèse selon laquelle **les élèves des écoles expérimentales sont plus performants en compétences de vie courante après le traitement (formation des enseignants et utilisation des outils didactiques)** été également verifiée et confirmée.Toutefois, il convient de souligner qu'en sciences de l'éducation, comme dans toute autre science humaine, toute recherche, qu'elle soit de type qualitatif ou quantitatif, a ses limites, et celle-ci n'en est pas exempte. Dans la présente étude, l'échantillonnage n'était pas assez représentatif. Il n' yavait pas non plus de groupe témoin. C'est pourquoi, les résultats obtenus dans le cadre de la présente étude doivent donc être appréciés avec réserve. Toutefois, pour terminer, il convient de souligner que les limites ci-dessus constatées n'entament en rien la qualité et la validité des résultats obtenus si l'on situe l'étude dans son contexte.

Conclusion

Au terme de la présente étude, nous pouvons dire que toutes nos deux hypothèses ont été vérifiées et confirmées par nos résultats de recherche même si des efforts restent à faire par les enseignants dans certains domaines comme par exemple l'évaluation des taches intégratives. Des réponses ont été également apportées à toutes nos questions de recherche. Par ailleurs, le principal enseignement qu'on peut tirer de l'étude est que toute innovation dans un système éducatif rencontre des difficultés à ses débuts en ce sens qu'elle déséquilibre momentanément le système avant que le processus d'équilibration se mette en place. C'est pourquoi dans certaines écoles expérimentales, les enseignants ont eu du mal à accepter et à pratiquer en classe tous les principes de l'enseignement intégré des compétences de vie courante. Comme le disait Everett Rogers[12]pour augmenter les chances de réussite de toute innovation, les innovateurs doivent expliquer aux récepteurs des innovations les tenants et les aboutissants de l'innovation à mettre en place ; ce qui permet dans le cas de l'expérimentation de l'enseignement intégré des CVC en RDC par exemple de minimiser les réticences de certains inspecteurs, directeurs d'école et enseignants.

---

[12] Everett, M. R, Diffusion of Innovations, 5th edition, Free Press, 1983

Bibliographie

I.Ouvrages

-Campbel. D, Cook. T.D (1979), Quasiexperimentation: design and analysis issues for field settings, Rand McNally College, 405 pages

-Everett, M. R, Diffusion of Innovations, 5th edition, Free Press, 1983

-Hinkle Dennis E, Jurs Stephen G, Wiersma William, (1979):*Applied Statistics for the Behavioral Sciences,* Houghton Mifflin Company/Boston Dallas Geneva, Illinois Hopewell, New Jersey Palo Alto London.

-Huberman A. Michael; Mathew B. Miles: Analyse des donnêes qualitative, 2ème edition revisé par Jean Jacques Bonniol, de Boeck Supérieur

Moummi, 2010 : l'incidence de la pauvreté (proportion de personnes en dessous du seuil de pauvreté) en 2005

II. Rapports

 -CIDE/DIPROMAD, Guide de l'Experimentation en CVC, 2015.

-RDC/MEPSP, DIPROMAD, Programme National de l'EnseignementPrimaire, 2011

-RDC, Ministère de la Santé Publique Programme National Multisectoriel de Lutte contre le Sida de la RDC (PNMLS, 2009)

-RDC, Plan intérimaire de l'Education (PIE) pour la période 2012-2014.

-République Démocratique du Congo : Document de Stratégie de Croissance et de Réduction de la Pauvreté (DSCRP) publié en 2006

-République Démocratique du Congo : Données de l'enquête 1-2-3 de 2004-2005, Banque Mondiale, 2006

-**République Démocratique du Congo** : EDS (2007) et l'enquête 12-3 (2004-2005).

-**République Démocratique du Congo** : Enquete Démographique et de Santé 2013-2014, Rapport préliminaire, Measure DHS, ICF International, Rockville, Maruland, USA

www.ingramcontent.com/pod-product-compliance
Lightning Source LLC
Chambersburg PA
CBHW040859110726
48005CB00001B/129